Toulouse-Lautrec

JOSEPH-ÉMILE MULLER

Toulouse-Lautrec

fernand hazan éditeur

35-37, RUE DE SEINE, PARIS-6e

© FERNAND HAZAN, PARIS 1975
DROITS DE REPRODUCTION RÉSERVÉS

ACHEVÉ D'IMPRIMER EN 1975
PAR FRATELLI FABBRI, MILAN

PRINTED IN ITALY
ISBN 2-85025-012-0

Des débuts précoces Né le 24 novembre 1864 à Albi, Henri de Toulouse-Lautrec disparaîtra avant d'atteindre l'âge de trente-sept ans. Son activité artistique ne s'en étend pas moins sur une vingtaine d'années, car son talent s'affirme tôt : il dessine depuis l'enfance, parsemant ses cahiers d'écolier de croquis aussi rapides que suggestifs. Il dessine comme son père, comme ses deux oncles — et peut-être ne serait-il pas plus qu'eux devenu un artiste si des accidents ne s'étaient pas produits qui lui interdirent radicalement de mener une vie semblable à celle de son père.

Celui-ci est un homme aux allures un peu anachroniques, que sa fortune dispense de l'obligation de travailler et qui, en plus des femmes et des chevaux, aime la chasse au faucon, les excentricités, les travestissements. Descend-il des comtes de Toulouse dont on parle déjà à l'époque de Charlemagne, dont on reparle lors de la Première Croisade mais aussi lors de la répression, au XIIIe siècle, des hérétiques albigeois que ces comtes cherchent à défendre contre le pape ? Il paraît qu'il faut plutôt en douter. N'empêche qu'Alphonse de Toulouse-Lautrec-Monfa appartient à une vieille famille française et qu'il en va de même de son épouse, Adèle Tapié de Céleyran, qui est d'ailleurs sa cousine. Quant au fils, en 1878 il tombe sur le parquet de la salle à manger familiale et se brise la jambe gauche. L'année suivante, alors qu'il se promène avec sa mère, il roule dans une ravine peu profonde et se casse la jambe droite. Ces deux fractures font de lui un infirme qui aura de la peine à marcher et qui, au surplus, offrira l'aspect grotesque d'un nabot. Car tandis que son torse grandira normalement, les jambes resteront courtes et chétives. Que des chutes sans gravité en elles-mêmes aient pu avoir un tel effet suppose évidemment une anomalie, une maladie osseuse que les médecins ont désignée de noms différents. Mais quelle qu'en ait été la nature, le résultat est là, brutal, inexorable, une infirmité qui accompagnera Lautrec pendant toute son existence, qui colorera sa vie et décidera de sa mort. Suscitant le désir de chercher l'oubli dans la débauche, elle le poussera en effet vers les poisons qui finiront par le tuer.

Lorsque, après avoir passé son baccalauréat, il reçoit en 1881 l'autorisation de devenir peintre, son premier maître est un ami de son père, René Princeteau, qui représente avec prédilection des chasses et des chevaux. Lautrec a dessiné des chevaux avant même d'être l'élève de Princeteau ; il les a montrés galopant, trottant, sautant, avec ou sans cavalier, attelés à une calèche, seuls ou en paire. Ce qui le fascine dès le début, ce sont les mouvements, et pendant toute sa carrière il les observera avec passion, qu'ils soient exécutés par des êtres humains ou par des animaux. Ses dessins d'écolier révèlent aussi qu'il a l'esprit moqueur, qu'il prend plaisir à fixer des positions non seulement caractéristiques, mais drôles, qui prêtent au sourire, aux remarques ironiques. Naturellement son infirmité accuse ce penchant. D'autant plus qu'il est un sensuel et que, loin de s'abandonner à la résignation, il souhaite de vivre intensément. Dès lors, comment pourrait-il regarder sans envie les choses qui tout ensemble le passionnent et lui sont interdites ? Comment pourrait-il ne pas éprouver le besoin de se venger un peu en leur découvrant des aspects déri-

Le Comte Alphonse
de Toulouse-Lautrec.
Vers 1899. Dessin.
Collection privée.

soires ? Et comment ne serait-il pas enclin à s'intéresser
avant tout au comportement de ses semblables et à s'in-
terroger sur les satisfactions, les plaisirs ou les ennuis qu'ils
ont, eux ?

A peine âgé de quatorze ans, il constate déjà qu'il est
incapable de faire des « vues ». « Mes arbres, écrit-il à un
ami, sont des épinards. » Et il précise que son « menu
n'est pas très varié. Il n'y a à choisir qu'entre chevaux et

Cavalier et chien.
1875-1876. Dessin.
Musée d'Albi.

matelots ; les premiers se réussissent mieux. » Rien de plus
normal, puisqu'il les peint en mouvement et que la forme,
alors, peut être approximative, suggérée à l'aide de taches,
de touches emportées. C'est encore dans cette manière qu'il
représente en 1881 *le Comte Alphonse de Toulouse-Lautrec*
conduisant son mail coach à Nice et *Aux courses à Chantilly* où

2

lui-même se trouve dans une calèche à côté de son cousin Louis Pascal et de Princeteau. Ici et là, le galop des chevaux a quelque chose d'éperdu ; ils courent comme s'ils étaient fouettés par un démon.

Les premières années à Paris

Au début de 1882, Lautrec s'installe avec sa mère à Paris, pour travailler d'abord chez Princeteau. Quelques semaines plus tard, il entre à l'atelier de Bonnat, le froid portraitiste officiel. Puis, à partir de 1883 et jusque vers 1887, il est parmi les élèves de Cormon, qui traite des sujets empruntés à la Bible, à l'Histoire ou à la Préhistoire. Que cherche-t-il chez des peintres aussi académiques ? En premier lieu sans doute un métier plus sûr qui lui permette de dépasser les à-peu-près de l'improvisation. A part cela, il rencontre chez Cormon d'autres jeunes comme Anquetin, Émile Bernard et (en 1886) Van Gogh, qui estiment tous qu'un art nouveau doit être opposé à la peinture officielle. Lui-même a l'esprit trop libre et trop curieux pour qu'il ne veuille apprendre qu'à l'école. Observateur caustique de la vie parisienne, il s'intéresse naturellement à Forain, mais il est plus encore attiré par les Impressionnistes, notamment par ceux chez lesquels il trouve des scènes de la vie contemporaine : Renoir, Manet, Degas. Il s'enthousiasme particulièrement pour ce dernier, et s'il a peu de contacts avec l'homme, dont il fait la connaissance en 1885, il sera profondément marqué par l'artiste.

Vers 1883, il peint quelques tableaux, surtout des portraits de sa mère, où il révèle dans quelle mesure l'Impressionnisme le séduit. Cependant, il en peint d'autres qui sont plus traditionnels. En somme, il se cherche jusque vers 1889, et tantôt il opte pour un style linéaire, tantôt il veut que le peintre l'emporte sur le dessinateur. L'une des œuvres les plus personnelles qu'il réalise en recourant à la manière picturale est *la Blanchisseuse* de 1889. Encore sa personnalité s'y affirme-t-elle moins dans le style que dans la physionomie de la jeune fille et dans son attitude : farouche, insoumise, elle a interrompu son travail et elle regarde en direction de la fenêtre comme un prisonnier regarderait le ciel derrière les barreaux de sa cellule.

En définitive, ce que Lautrec apporte de plus caractéristique est mieux illustré par des œuvres que l'on pourrait presque qualifier de dessins en couleurs : les portraits de *Suzanne Valadon* (1885), de *Van Gogh* (1887), d'*Hélène Varv* (1888) ou *la Buveuse* (1889), dont le modèle est de nouveau Suzanne Valadon (l'artiste entretient avec elle pendant quelque temps une liaison difficile). Incontestablement, Lautrec prouve ici que la ligne, avec ce qu'elle peut avoir de net, de concis, d'elliptique, d'incisif, répond plus à son génie que les taches de couleurs, les effets de pâte et de touche. 5, 4, 6 12

A-t-on raison de découvrir chez lui une influence de Van Gogh ? S'il existe certainement des ressemblances entre des toiles que ce dernier peint en 1887 et telle ou telle œuvre que Lautrec achève la même année ou plus tard, s'il y a notamment des affinités dans la facture (des traits, des hachures qui animent les champs de couleurs), il est pourtant indiscutable que chez Lautrec les traits sont en général plus longs et moins serrés que chez le peintre

Danseuse ajustant
son maillot.
1889. Dessin.
Musée d'Albi.

hollandais. Au lieu d'être juxtaposés avec ferveur, ils sem-
blent griffonnés par une main légère et un peu vagabonde.
En outre, la chaleur avec laquelle Van Gogh considère ses
modèles ne se retrouve nullement chez Lautrec. Chacun
des deux artistes possède un climat qui lui est propre, et
lors même qu'ils traitent un thème analogue (une femme

au café), nous sommes mis en face de deux mondes différents : tandis qu'avec sa cigarette et son verre de bière la *Femme « au Tambourin »* de Van Gogh (1887) offre une expression calme, détendue, *la Buveuse* de Lautrec (1888-1889), qui est attablée devant une bouteille de vin rouge à moitié bue, appuie sur sa main gauche un visage las, vaguement écœuré, et son regard est fixe et lointain. De toute évidence, Lautrec veut nous présenter une de ces ivrognes qu'il voit hanter les cafés de Montmartre — où lui-même a pris l'habitude de passer les nuits et de boire. Depuis 1884, il a en effet quitté l'appartement qu'il occupait avec sa mère pour aller habiter ce quartier de Paris et il y participe assidûment à la vie nocturne en fréquentant, outre les cafés, les bals publics, les cabarets, les cafés-concerts. Il les fréquente non seulement parce que de plus en plus il s'adonne à la boisson, mais aussi parce qu'il aime ce milieu dans lequel son infirmité l'isole moins, puisque tant de gens y vivent en marge et se moquent de la morale courante, de ses préjugés, de ses hypocrisies.

L'un des cabarets qui attirent Lautrec est *le Mirliton* où se manifeste le chansonnier Aristide Bruant. Les deux hommes ne tardent pas à se lier et la première lithographie du peintre, qui date de 1885, servira deux ans plus tard à illustrer la chanson de Bruant *A Saint-Lazare*. Lautrec fera d'autres dessins pour le chansonnier, de même qu'il dessinera des scènes qu'il observe dans la rue ou dans les établissements dont il est l'un des habitués. Comme il adore aussi le cirque, il peint en 1888 une grande toile consacrée

Du Mirliton au Moulin Rouge

Aristide Bruant.
1893.
Lithographie.

Au cirque Fernando du boulevard Rochechouart, et par 9
l'esprit narquois qui se révèle dans la mise en page comme
dans le dessin, c'est là l'un des tableaux les plus originaux
qu'il ait réalisés.

Cependant, aux alentours de 1890, ses sujets préférés lui
sont fournis par les bals publics. Celui du *Moulin de la* 17
Galette a déjà fait créer par Renoir (1876) l'une des œuvres
les plus remarquables de l'Impressionnisme. Chose signifi-
cative, chez Renoir nous sommes en plein air sous le feuil-
lage des arbres et une lumière qui égaie, tandis que Lautrec
nous introduit dans une salle d'une banalité plutôt cafar-
deuse. Les couples s'y heurtent ; aucune tendresse n'illumine
leurs visages ; les jeunes filles ne sont guère séduisantes.
Celles que nous apercevons au premier plan ont l'air niais,
mais elles n'en paraissent pas moins assez dégourdies, et
ce n'est pas sans raison que Lautrec donne à l'une d'elles
ce chignon orangé qui flamboie de manière si provocante.
Une autre échange un regard avec un homme qui a le
profil d'un rapace et qui semble épier une proie.

Pourtant les jeunes filles qui vont au *Moulin de la Galette* 17
sont considérées comme « sages ». On est plus libre au
Moulin Rouge qui s'ouvre en octobre 1889. Des danseuses 18, 22
et des danseurs professionnels peuvent d'ailleurs y être
admirés dans des attractions spectaculaires, froufroutantes.
Un couple notamment s'y fait applaudir que Lautrec connaît
bien : Louise Weber, dite la Goulue, et Jacques Renaudin,
qui porte le surnom révélateur de Valentin le Désossé. Leur
danse est disparate à souhait : non seulement l'homme
apparaît beaucoup plus mince et plus grand que la jeune

femme, il oppose aussi un profil austère, funèbre à un visage épanoui. De plus, la nature et surtout les contrastes de leurs mouvements ont quelque chose de burlesque. Ces mouvements, Lautrec ne se lasse pas de les suivre de ses yeux, et dans *la Danse au Moulin Rouge* (1890) il les évoque de la façon la plus éloquente. La composition de l'œuvre est si habile qu'elle procure l'impression d'un instantané que le hasard aurait déterminé en tous points. Or, il s'agit d'une ordonnance très réfléchie qui, bien qu'elle relègue les deux danseurs au second plan, les met en évidence avec ingéniosité.

La Goulue se rencontre dans d'autres tableaux, mais elle n'est pas toujours placée de telle sorte qu'elle requiert d'emblée notre attention, il arrive qu'elle se fasse moins directement remarquer que les clients du *Moulin Rouge*. Lautrec se plaît en effet à peindre aussi ces derniers, en particulier ceux qui sortent et boivent avec lui. Ainsi, l'une de ses toiles les plus admirables (*Au Moulin Rouge,* 1892), représente le promenoir de l'établissement avec un groupe de ses amis attablés (Maurice Guibert, le photographe Sescau, l'écrivain Édouard Dujardin). Au premier plan, en partie coupée par le cadre, une jeune femme surprenante comme une apparition : l'éclairage violent, qui lui met des ombres vertes sur le front, lui donne un air extasié. Dans le fond, Lautrec lui-même à côté de son cousin Gabriel Tapié de Céleyran, qui est presque deux fois plus grand que lui. Le peintre aime à se montrer en compagnie de ce cousin, précisément parce que la disproportion de leurs tailles offre quelque chose de comique et qu'en affichant si carrément sa difformité, il veut sans doute braver les railleurs. S'il n'est pas complaisant pour lui-même, il ne l'est pas non plus, on s'en doute, pour les autres. Dans le portrait de son cousin à la Comédie française (1894) par exemple, il souligne sans ménagement la stature haute et rigide, la démarche traînante, le visage désabusé, somnolent.

Certains de ses modèles, il les fait poser au jardin du père Forest (qui se trouve alors près du boulevard de Clichy).

Portrait-charge
de Lautrec
par lui-même.
1896. Dessin.
Musée d'Albi.

Un interne :
Gabriel Tapié
de Céleyran.
1894. Dessin.
Musée d'Albi.

Mais on serait étonné si l'essentiel pour lui était le plein air.
En vérité, le jardin se réduit à un fond verdâtre ; la végé-
tation, les pierres, le sol ne sont indiqués que sommairement.
Toute la curiosité de l'artiste se concentre sur le personnage,

auquel le paysage demeure étranger. Aussi ces toiles nous apprennent-elles moins sur le modèle et sa manière de vivre que les œuvres qui ont pour cadre un bal ou un café.

De nouveaux sujets dans ce dernier domaine lui sont proposés en 1892 par Jane Avril. Mince, fine, cette danseuse au visage osseux, à l'expression fatiguée, n'a rien de commun avec la Goulue. Quand elle sort du Moulin Rouge, elle est raide, souffreteuse, mais sur la scène, dit un contemporain, elle paraît « une orchidée en délire ». Sa danse consiste d'ailleurs à jeter l'une de ses jambes non pas en l'air, mais de côté, et à la faire tourner de plus en plus vite. Inutile de dire que Lautrec est sensible au côté insolite de ces mouvements. Et son tableau *Jane Avril dansant* au Moulin Rouge (1892) montre les jambes (très minces) dans des positions si différentes que l'équilibre du corps semble tenir du miracle. Comme beaucoup d'autres œuvres de l'artiste, celle-ci est peinte sur carton. Lautrec affectionne ce support, qu'il ne recouvre que partiellement de couleurs, de sorte que la propre teinte du carton joue un rôle dans la composition. En outre, il se sert d'une pâte maigre, crayeuse, parfois mince, transparente, et sa facture est aussi allusive qu'impétueuse. Il en résulte des peintures qui, prenant un aspect d'esquisse, se signalent par leur spontanéité, leur fraîcheur. Le coloris de Lautrec a une autre particularité : il offre peu de moelleux : ce peintre préfère les teintes acides, (légèrement) grinçantes, dissonantes à celles qui seraient jolies et plairaient sur-le-champ.

L'apport de Lautrec ne se limite pas à ses tableaux : ses lithographies (affiches et estampes) ne sont pas moins significatives que ses peintures ; il arrive même qu'elles soient plus audacieuses, plus enthousiasmantes. Regardons l'affiche qu'il exécute en 1891 pour le *Moulin Rouge* et où il fait voisiner une nouvelle fois la Goulue et Valentin le Désossé. La mise en page, là encore, est des plus voulues, des plus surprenantes et des plus heureuses. A un dessin qui résume la forme s'ajoute un coloris économe, mais les teintes sont choisies de telle sorte que chacune impose tout de suite le personnage qu'elle revêt. Avec son air de croque-mort et son allure dégingandée, Valentin se borne à être une silhouette violacée qui semble habillée d'ombre, alors que la Goulue est vivement éclairée : son jupon se présente comme une large fleur blanche que couronne un corsage rouge à pois blancs et le visage est surmonté d'une éclatante chevelure jaune. Derrière elle, une assistance anonyme et toute noire dont on ne distingue que les contours : à la fois le public et un écran sur lequel se détache la Goulue. Bref, les moyens sont en même temps élémentaires et raffinés. Pas de modelé, peu de nuances, surtout des tons francs. Lautrec est le premier à avoir compris à un tel point qu'une affiche doit être lapidaire. Il connaît naturellement les estampes japonaises qui, depuis Manet, impressionnent et orientent plus ou moins tous les peintres novateurs de l'époque. Mais s'il met à profit leur enseignement, s'il s'en rapproche plus sans doute que n'importe lequel de ses confrères, il ne cesse pourtant pas de rester lui-même. Son trait évolue avec plus de liberté que celui des artistes japonais ; il est moins stylisé et, sinon toujours plus acerbe, du moins plus irrespectueux.

En 1893, Lautrec crée pour Jane Avril (au *Jardin de Paris*) une affiche plus attachante encore que celle de la Goulue. Seule sur la scène, la danseuse nous frappe d'autant plus rapidement que toutes les couleurs vives ou soutenues (l'orangé, le jaune, le blanc, le noir) sont réunies dans son costume et qu'autour d'elle on ne voit que des demi-teintes (des nuances de verts sourds et de gris). Au premier plan, émergeant de la fosse d'orchestre, la crosse d'une contrebasse : elle ne limite pas seulement la scène ; ses courbes et leur direction font penser au rideau qui se lève ; elles renforcent cette impression de surprise, de révélation subite que dégage Jane Avril sous les feux de la rampe — lesquels ne suscitent pas la moindre trace d'ombre. Par ailleurs, la forte main qui empoigne l'instrument de musi-que, la tête fantastique qui apparaît derrière elle, jouent le rôle d'un repoussoir. Immédiatement l'avant-bras suggère une oblique qui dirige nos yeux vers la danseuse. Et si nous ne nous attardons pas à considérer la main elle-même, en dépit de ses dimensions, c'est que Lautrec a savamment écarté la couleur du premier plan pour n'y faire vibrer que des gris.

Jane Avril est le personnage principal d'une autre affiche (1892). Cette fois, elle ne se trouve pas sur la scène, mais dans la salle du *Divan japonais,* café-concert où se produit alors Yvette Guilbert. Assise au premier plan, le corps svelte moulé dans une robe noire, un chapeau à plumes, noir lui aussi, sur la belle chevelure rousse, elle offre une élégance

25

32

Yvette Guilbert.
1894. Dessin.
Cabinet des dessins.
Musée du Louvre.

et une distinction qui rappellent les femmes de Kiyonaga.
En même temps, elle appartient pleinement à l'époque et
au milieu où elle vit. Il n'en va pas autrement de l'homme
qui l'accompagne, Édouard Dujardin, dont le dandysme
fin de siècle ne pourrait être caractérisé avec plus de jus-

tesse. L'affiche dans son ensemble abonde en trouvailles non moins spirituelles qu'expressives : les bras du chef d'orchestre paraissent avoir une vie indépendante ; les crosses des contrebasses ont l'aspect de visages moqueurs ; Yvette Guilbert n'est qu'une silhouette flexible qu'individualisent non la tête (absente), mais des gants noirs qui entourent les bras maigres jusqu'au-dessus des coudes.

On comprend sans peine que la résonance de telles affiches est considérable : elles font de ces danseuses ou de ces chanteuses des vedettes dont la renommée se répand bien au-delà de l'établissement et du quartier où elles se présentent au public.

Lautrec aimerait réaliser aussi une affiche pour Yvette Guilbert, mais elle ne veut pas, elle juge trop peu flatteur le projet qu'il lui soumet. Rien n'est en effet plus étranger à cet artiste que l'idée d'enjoliver ses modèles. Son seul souci est d'être vrai, et la vérité qu'il découvre, il l'accentue, préférant choquer plutôt que de flatter. Ainsi fait-il d'après Yvette Guilbert des dessins et des lithos qui donnent à son visage des apparences de chatte amaigrie.

Entre 1892 et 1895, Lautrec compose également des affiches pour Aristide Bruant, pour la danseuse Loïe Fuller aux *Folies-Bergère,* pour le comique Caudieux au *Petit Casino* ; il en compose pour des livres *(Reine de joie* et *Babylone d'Allemagne* par Victor Joze), pour le journal *le Matin,* pour une manufacture de *Confetti* à Londres. Et toujours ces œuvres sont des créations admirables, qui possèdent non seulement plus de concision que les tableaux, mais souvent aussi plus d'autorité.

44

52

Les maisons closes

Le non-conformisme de Lautrec, son intérêt pour les aspects de la vie qui normalement sont dissimulés parce qu'ils passent pour inconvenants ; son goût de l'érotisme aussi et le peu de chances que son infirmité lui procure d'ordinaire auprès des femmes, le poussent entre 1892 et 1895 non seulement à fréquenter les maisons closes, mais à habiter dans deux d'entre elles pendant des périodes plus ou moins longues. Situées l'une rue d'Amboise, l'autre rue des Moulins, ces maisons lui permettent de vivre dans le voisinage des prostituées, de se familiariser avec tous les détails de leur existence quotidienne, de connaître leurs habitudes et leurs sentiments. Elles lui permettent aussi d'observer des nus dont la nudité comme les mouvements sont plus naturels que ceux des modèles professionnels. Encore ne saurait-on prétendre que le nu l'intéresse beaucoup en lui-même. La manière de vivre des prostituées, leur intimité le passionnent plus en tant qu'artiste que leur anatomie.

Ce qu'il observe en particulier rue des Moulins l'amène à faire jusqu'en 1896 et à l'occasion encore plus tard des dessins, des lithographies et des peintures qui retiennent à la fois comme documents humains et comme œuvres d'art. Tantôt c'est une femme seule qui tire son bas, enlève sa chemise, met sa culotte ou son corset, se peigne les cheveux, se lave le cou, est couchée, rêveuse ou endormie. Tantôt ce sont deux amies qui s'entretiennent, s'embrassent ou reposent dans le même lit. Tantôt ce sont les tenanciers du bordel *(Monsieur, Madame et le chien,* 1893) qui étalent devant nous leur stupide laideur et leur vulgarité.

« Elles ». Mme Baron et Mlle Popo. 1896. Lithographie.

Certaines de ces œuvres sont des dessins rehaussés de couleurs ; dans d'autres des coups de pinceau larges, fougueux
font naître les personnages sur des cartons dont une grande
partie demeure visible. Ailleurs, le carton ou la toile dis-
paraît totalement sous les teintes. C'est le cas notamment

lorsque Lautrec peint en 1895 les pensionnaires *Au salon de la rue des Moulins*. Sans qu'il abandonne l'acuité de son trait, il y accorde beaucoup d'importance aux zones de couleurs qui ne sont pas de simples aplats comme dans les affiches, mais comportent des jeux de lumière et d'ombre, et suggèrent un relief.

Installées sur de vastes divans violacés, les femmes attendent les clients dans une ambiance de faux luxe et d'ennui. Les visages, dont les particularités individuelles sont accusées, offrent des traits durcis et des expressions qui reflètent à la fois l'habitude du consentement et la faculté de se défendre. Rien donc dans cette œuvre (ni dans les autres de la série) qui ne traduise la vérité du réel. Aucune tendance à porter un jugement. Lautrec est un témoin, il n'entend pas être un moraliste, et encore moins un moralisateur. D'autre part, son témoignage évite toute sentimentalité et toute illusion. S'il ne songe pas à condamner ces femmes, il ne veut pas non plus les idéaliser. Reste qu'il les considère avec sympathie. Bien qu'en général l'atmosphère soit plus froide chez lui que chez Degas, ses prostituées paraissent moins dépravées, moins aviles que celles que nous fait voir son prédécesseur. Au demeurant, si elles ont l'air plus dignes d'être regardées avec une certaine affection, c'est sans doute parce que lui-même a trouvé auprès d'elles une sympathie qu'il a vainement cherchée ailleurs.

En 1896, Lautrec publie un album de lithographies intitulé
Elles. La plupart des sujets sont dus aux maisons closes.
Cependant, l'une des planches nous met en présence de la
clownesse (Cha-U-Kao (orthographe « chinoise » de Chahut-
Chaos), une femme au corps robuste, qu'il a déjà peinte
en 1895 et dont il se plaît à souligner les formes vigou-
reuses. L'un des tableaux nous invite à la surprendre dans
sa loge quand elle se débarrasse de sa grande collerette
jaune ; l'autre la situe au promenoir du Moulin Rouge où
elle avance, l'allure virile et le visage aussi empâté que
sérieux. Dans la lithographie de l'album *Elles* par contre,
elle est lourdement assise, le torse un peu affaissé, les
jambes fortement écartées, l'expression pensive, mais l'éta-
lage de sa fatigue ne nous empêche pas de sentir là encore
sa force d'acrobate musclée.

D'autres vedettes retiennent l'attention de Lautrec : en
1895, ce sont la chanteuse de café-concert May Belfort et
la danseuse May Milton qui lui servent de modèles pour
diverses œuvres, notamment des estampes et des affiches.
Par ailleurs, comme il porte depuis 1893 un intérêt particulier au théâtre, plusieurs de ses lithographies évoquent
des actrices et des acteurs (Sarah Bernhardt, Jeanne Granier,
Réjane, Marguerite Moréno, Lucien Guitry, Lugné-Poe,
Antoine, Gémier...) ; quelques-unes sont destinées à illustrer
les programmes du théâtre de l'Œuvre de Lugné-Poe et du
Théâtre libre d'Antoine *(la Loge au mascaron doré, l'Argent)*.
La comédienne Marcelle Lender l'amène au surplus à créer
non seulement des lithographies, mais aussi une grande
peinture où elle danse le boléro de l'opérette *Chilpéric* au

77, 45

théâtre des Variétés. Usant d'un coloris opulent et d'une facture plus picturale qu'à l'ordinaire, Lautrec y traduit admirablement la souplesse et l'entrain de la danse ainsi que les effets de l'éclairage, et ceux-ci indiquent d'emblée que nous sommes devant le monde de la fiction qui dépayse. Toujours en 1895, Lautrec peint deux grandes compositions pour orner les parois extérieures de la baraque que la Goulue a louée place du Trône et où elle se propose d'attirer le public par ses danses du ventre. L'une de ces toiles la montre justement dans la danse exotique, tandis que l'autre rappelle ses anciens succès au *Moulin Rouge* aux côtés

Lugné-Poe
dans *l'Image*.
1894.
Lithographie.

de Valentin le Désossé. Bien que les deux œuvres soient très détériorées, on peut encore apprécier l'originalité de leur ordonnance et le pouvoir expressif de leur dessin. Celui-ci se manifeste surtout dans le groupe des spectateurs qui assistent à la danse orientale et parmi lesquels on reconnaît, bien qu'on ne les voie que de dos ou de profil, Oscar Wilde, Jane Avril, Lautrec lui-même et l'écrivain Félix Fénéon.

Lautrec a rencontré ce dernier à *la Revue blanche*. Il ne *61* faut pas croire en effet qu'il se contente de traîner dans les cafés et les bordels. Comme Bonnard et Vuillard, il est l'un des peintres qui entretiennent des relations étroites avec la revue littéraire et artistique d'avant-garde que dirigent les frères Natanson. Il fait même pour elle une affiche (1895) qui se classe parmi ses chefs-d'œuvre. Misia Godesbka, la *60, 61* femme de Thadée Natanson, y est présentée dans l'attitude d'une patineuse qui glisse vers nous, le corps légèrement incliné à droite, le bras gauche écarté du torse pour des raisons d'équilibre, les jambes coupées par le bord. Sa tenue mondaine et les raffinements du coloris importent plus que les traits de son visage. Et c'est un extravagant échafaudage de plumes qui se dresse, baroque, sur son canotier à voilette. Lautrec a toujours été attiré par ce que la mode peut avoir d'étrange, de cocasse : à différentes reprises il a peint ou dessiné des chapeaux qui ont l'air d'oiseaux fabuleux.

Vers la même époque il découvre sa passion pour un nouveau moyen de se déplacer avec rapidité : la bicyclette. En compagnie de son ami Tristan Bernard, qui est alors le directeur du vélodrome Buffalo et de celui de la Seine, il assiste à des courses, et il introduit une bicyclette dans l'une ou l'autre de ses œuvres. Il va jusqu'à exécuter une affiche pour la *Chaîne Simpson* (1896). Il s'intéresse également à l'automobile, mais sans lui accorder une place notable dans son art.

Le déclin

L'intérêt que prend Lautrec aux manifestations sportives ne l'empêche pas de continuer à boire. Et plus la boisson est forte, plus il l'apprécie. En 1897, il est pendant quelque temps attiré par les bars des environs de l'Opéra et de la Madeleine ; puis, il aime aller à Montmartre dans des cafés tels que *la Souris* ou *le Rat-Mort* où se réunissent des lesbiennes. Naturellement sa vie nocturne et ses abus d'alcool finissent par ébranler sa santé ; ils affaiblissent aussi son pouvoir créateur. Non qu'il devienne incapable de réaliser encore des chefs-d'œuvre, mais il le fera plus rarement que jusque-là, surtout dans le domaine de la peinture. De même les affiches pour *Jane Avril* (1899) et *Marthe Mellot dans « la Gitane »* (1900) ne soutiennent pas la comparaison avec les œuvres des années précédentes. Par contre, il poursuit sa création de belles lithographies. Plusieurs d'entre elles sont destinées à illustrer les livres *Au pied du Sinaï* de Georges Clemenceau (1898) et *Histoires naturelles* de Jules Renard (1899). D'autres composent un album consacré à *Yvette Guilbert* (1898), d'autres encore sont des planches isolées qui ont des sujets différents.

En février 1899, peu après la parution des *Histoires naturelles,* Lautrec subit une crise de delirium tremens qui néces-

Histoires naturelles. L'araignée.

Histoires naturelles de Jules Renard.
1899. Couverture.

site son internement dans une maison de santé à Neuilly.
Cependant, privé d'alcool, il retrouve rapidement ses
moyens d'artiste et il se met à dessiner, exécutant une cin-
quantaine d'œuvres dont la plupart font revivre des souve-
nirs de cirque : écuyères, écuyers, acrobates, clowns, chiens
savants... Comme il emploie d'ordinaire des crayons de
couleurs, son chromatisme est économe, délicat. Quant au
trait, il est plus léger qu'auparavant, moins incisif, plus

descriptif. Bien que l'humour ne soit pas absent de ces œuvres, elles ont l'air plus respectueuses que celles des années précédentes, comme si l'artiste, qui a vu s'écrouler la réalité dans le délire, s'accrochait à elle pour la ressaisir dans son objectivité. Mais le caractère de ces dessins s'explique aussi par autre chose : Lautrec veut prouver aux médecins que sa mémoire n'est pas altérée (au début il donnait l'impression de l'avoir perdue), qu'elle lui permet au contraire de dessiner avec précision des scènes qu'il a observées naguère.

Il n'en reste pas moins que ces dessins ont je ne sais quoi d'irréel, peut-être à cause des vides qui entourent les personnages et les animaux, peut-être aussi à cause de cette lumière blanche et froide qui se répand sur nombre de feuilles en ne laissant subsister que des ombres réduites.

Après un internement de deux mois et demi, Lautrec peut quitter la maison de santé, mais pour éviter qu'il ne se remette à boire, il aura dorénavant toujours auprès de lui un homme, Paul Viaud, qui le surveillera. Reprenant son travail artistique, il crée en particulier des lithographies qui lui sont inspirées par les courses de chevaux. En été 1899, il voit au Havre dans une boîte à matelots une barmaid au visage laiteux, à la chevelure blonde, dont il fait avec enthousiasme le portrait *(l'Anglaise du « Star »)*. L'œuvre est rayonnante, sans rien de morbide ni d'acerbe : hommage adressé à la fraîcheur éclatante de la vie par quelqu'un qui a frôlé le désastre de la démence.

Mais un tel tableau reste une exception. Curieusement, vers la fin de sa carrière, Lautrec recourt de plus en plus

Yvette Guilbert.
Texte de
Gustave Geffroy.
1894. Couverture.

à la manière picturale qui — il l'a constamment montré —
répond si peu à ses dons. D'ailleurs, sa couleur s'assourdit ;
on y discerne de l'abattement : reflet sans doute d'une vita-
lité amoindrie. Le dessin aussi a perdu ce qu'il avait de
mordant. Si l'on prend une œuvre comme *la Modiste* (1900),
on dirait même que le trait et le coloris sont empreints de
tendresse. C'est là chez Lautrec un accent inédit — et qui

90

ne se retrouvera plus.

Au demeurant, malgré la surveillance de Viaud, il réussit encore à boire et sa santé ne cesse de décliner. Comme il l'a fait l'année précédente, il retourne en été à Malromé chez sa mère. Puis il s'établit à Bordeaux où il voit avec plaisir au théâtre, dans *la Belle Hélène* de Meilhac et Halévy ainsi que dans *Messaline* d'Isidore de Lara, des scènes qu'il peint ou dessine. De nouveau il témoigne alors de cet irrespect amusé qui le distingue, mais le style n'a plus la causticité ni l'assurance de naguère. Fin avril 1901, il revient à Paris où il commence quelque temps plus tard à peindre un tableau qu'il n'achèvera point : *Un examen à la faculté de Médecine,* c'est-à-dire son cousin Gabriel Tapié de Céleyran au moment où il passe sa thèse de doctorat. La manière, cette fois, est plus picturale que jamais. Construites à l'aide de taches de couleurs, les formes ont quelque chose de massif. Aux noirs et aux verts qui dominent s'opposent çà et là des notes claires et un rouge dont l'éclat est sourd, mais insistant. On n'a pas eu tort de dire que cette toile annonce Rouault, encore que ce dernier soit plus véhément et plus pathétique.

En juillet 1901, Lautrec quitte à nouveau Paris pour se rendre à Arcachon. Peu de temps après, il est victime d'une attaque qui le laisse paralysé. Transporté chez sa mère, il s'éteint à Malromé le 9 septembre 1901. Impossible de nier qu'il ait tout fait pour se détruire. Mais il a également tout fait pour refuser son infirmité, ou du moins pour vivre de manière intense malgré les obstacles qu'elle dressait devant lui. Son art reflète la résolution de ne pas se soumettre aux

« Au cirque ». Écuyère de haute école.
Le tandem. 1899. Dessin.

« Au cirque ». Cheval pointant.
1899. Dessin.

« Au cirque ».
La clownesse
Cha-U-Kao
en écuyère.
1899. Dessin.

misères de son corps. Aucune plainte ne s'y découvre, aucune tentative de nous apitoyer sur son destin ou sur les malheurs d'autrui. Dans tout son œuvre, il atteste au contraire que la vie est passionnante pour qui la regarde avec avidité. Passionnante, mais pas nécessairement exaltante. Lautrec ne songe pas à nous faire croire que dans le monde du plaisir il n'y a que l'étincellement de la façade. Les noceuses et les buveurs qui se retrouvent dans les cafés pour s'évader de la solitude, ne parviennent à s'en échapper que passagèrement, comme le peintre lui-même qui cherche vainement à se fuir. C'est qu'il est trop lucide, trop foncièrement désillusionné pour qu'il incline à s'abuser par un optimisme de commande. La vérité de la vie, il ne peut pas ne pas la voir. Il ne peut pas non plus ne pas la dire, fût-ce en se montrant cruel, en ayant l'air méchant. Vu son état, on comprendrait d'ailleurs qu'il veuille se venger par des charges fielleuses de caricaturiste. Or, s'il n'a certes jamais hésité à accuser jusqu'au ridicule les caractères de ses personnages, il dépasse la caricature de même que le simple dessin de chroniqueur par la sensibilité, la force expressive, la verve et la justesse de son trait. Il les dépasse également par l'intensité avec laquelle il évoque le milieu où il a vécu, où son art s'est épanoui et où il s'est consumé si désespérément.

Table des illustrations

PLANCHES
PLATES

1   Raoul Tapié de Céleyran. 1881.

2   Le Comte Alphonse de Toulouse-Lautrec conduisant son mail-coach à Nice. 1881.
     Count Alphonse de Toulouse-Lautrec driving his Mail-Coach to Nice.

3→

La Comtesse A. de Toulouse-Lautrec dans le salon du château de Malromé. 1887.
          Countess A. de Toulouse-Lautrec in the Salon at Malromé.

←4
Portrait de
Vincent van Gogh.
1887.

5   Portrait de Suzanne Valadon. 1885.

6
Portrait d'Hélène V.
1888.

7
Femme assise
de dos.
1888.
Seated Woman,
seen from the Back.

8
Monsieur debout
allumant un cigare
1885.
Standing Man
lighting a Cigar.

9   Au cirque Fernando. L'écuyère. 1888.   The Equestrienne.

10   Femme dans l'atelier. 1888.   Young Woman in a Studio.

11
Femme debout.
1888.
Woman standing.

12   La Buveuse ou la Gueule de bois. 1889.   The Drinker or the Morning after.

13
A Saint-Lazare.
1886.

14
La Blanchisseuse.
1889.
The Laundress.

15
La Blanchisseuse. 1889.
The Laundress

16
Au Moulin de la Galette.
La Goulue et
Valentin le Désossé.
1887.

17   Au bal du Moulin de la Galette. 1889.

18
Au Moulin Rouge.
1892.

19
La Goulue
et Valentin le Désossé.
1891.

20
Moulin Rouge. Affiche.
1891.
Poster.

21→
Moulin Rouge. Affiche.
Détail. 1891. Poster.

22
La Danse au Moulin Rouge.
1890.

23
L'Anglais au
Moulin Rouge.
Lithographie.
1892.
The Englishman at
the Moulin Rouge.

24→
La Goulue entrant
au Moulin Rouge.
1892.

25
Jardin de Paris.
Jane Avril.
Affiche. 1893.
Poster.

JANE
Avril

H. Stern, Paris

1899

26
Jane Avril. Affiche.
1899.
Poster.

27
Jane Avril dansant.
1892.

28→
Jane Avril sortant du
Moulin Rouge. Détail. 1892.
Jane Avril leaving
the Moulin Rouge.

29
Jane Avril. Étude.
1892.
Study.

30
Jane Avril dansant.
1892.

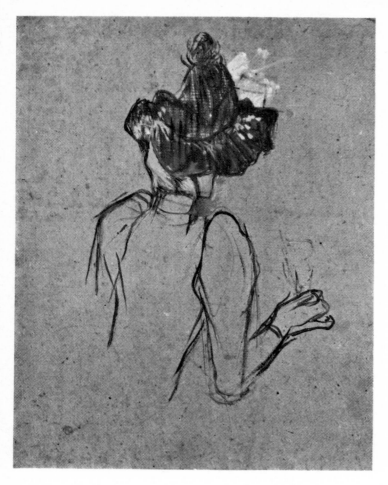

31
Jane Avril de dos.
1892 ?
Jane Avril
from the Back.

32
Divan japonais.
Affiche.
1892.
Poster.

33
Yvette Guilbert.
1894.

34
Yvette Guilbert.
1894.

36
Yvette Guilbert
saluant le public.
1894.
Yvette Guilbert
taking a Curtain call.

←35
Yvette Guilbert.
Détail.
1894.

37 Le Lit. 1892. In Bed.

38
May Belfort.
Lithographie.
1895.

39
May Belfort.
1895.

Eaw Ancourt . Paris

40
May Belfort.
Affiche.
1895.
Poster.

41
May Milton.
Affiche.
1895.
Poster.

42
Mademoiselle
Polaire.
1895.

43
May Milton.
1895.

44
Reine de Joie.
Affiche.
1892.
Poster.

45
L'Argent.
Lithographie.
1893.

46
Ambassadeurs.
Aristide Bruant
dans son cabaret.
Affiche. 1892.
Poster.

47
Aristide Bruant
dans son cabaret.
Affiche.
1893.
Poster.

48
Bruant
à bicyclette.
1892.
Bruant riding
a Bicycle.

49-
Ambassadeurs.
Aristide Bruant
dans son cabaret.
Affiche. Détail.
1892.
Poster.

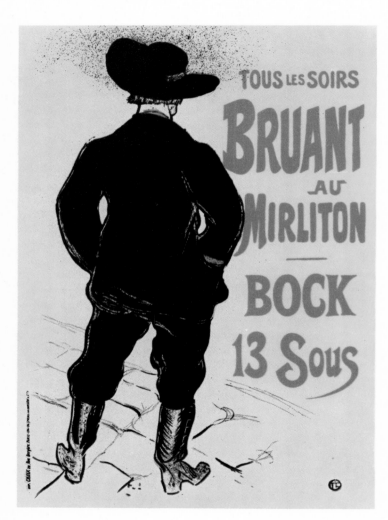

TOUS LES SOIRS

BRUANT
au
MIRLITON
—
BOCK
13 SOUS

50
Bruant
au Mirliton.
Affiche.
1894.
Poster.

51   P. Sescau, photographe. Affiche. 1894.   Poster.

52
Confetti.
Affiche.
1893.
Poster.

53→
La Loïe Fuller
aux Folies-Bergère.
Détail. 1893.

54
Portrait de femme
à la fourrure.
Vers 1892-1894.
Portrait of a Woman
with a Fur.

55
Le Docteur
Gabriel Tapié de Céleyran.
Détail. 1894.

56   La Goulue et Valentin le Désossé. Lithographie. 1894.

57→
La Goulue et sa sœur.
Lithographie. Détail.
1896.

58   La Troupe de Mlle Églantine. Affiche. 1896.   Poster.

59   La Troupe de Mlle Églantine. 1896.

60
Misia Natanso
1895.

61
La Revue blanche.
Affiche.
1895.
Poster.

62
Marcelle.
1894.

63
La Femme
au boa noir.
Vers 1892.
Woman with
a Black Boa.

64
Fillette nue.
1893.
Naked Girl.

65
Femme assise.
1893.
Seated Woman.

←66
Esquisse pour la
« Rue des Moulins ».
1894.
Sketch for the
« Rue des Moulins ».

67
Femme qui tire
son bas.
1894.
Woman pulling
on her Stocking.

68
Au salon de la rue des Moulins.
1894-1895.

69
Salon des Cent.
Affiche. 1896.
Poster.

70
Au concert. Affiche.
1896.
At the Concert.
Poster.

71
« Elles ». Affiche.
1896.
Poster.

72
La Toilette.
1896.

73
Femme mettant
son corset.
Conquête
de passage.
1896.
A Passing Fancy :
Woman putting o
her Corset.

74 Femme se peignant. 1896. Woman combing her Hair.

75 La Chaîne Simpson. Affiche. 1896. Poster.

76
Au Bois.
Lithographie. 1899.

77
La Loge au
mascaron doré.
Lithographie.
1894.
Theatre Box
with a Gilded
Mask.

78
La Loge. 1894.
Theatre Box.

80
La Clownesse
Cha-U-Kao.
1895.

←81 Chocolat dansant. 1896.

82 Irish and American Bar. The Chap Book. 1896.

83
Le Jockey.
Lithographie.
1899.

84 La Partie de campagne. Lithographie. 1897. Country outing.

85
Au cirque.
Le trapèze volant.
1899.
The Flying Trapeze.

86
Au cirque.
Haute école.
1899.
Circus Horse.

87
Marcelle Lender.
Lithographie.
1895.

88→
« Messaline »
à l'Opéra
de Bordeaux.
1901.

89   Un examen à la Faculté de médecine de Paris. 1901.
An Examination at the School of Medicine, Paris.